AF454407

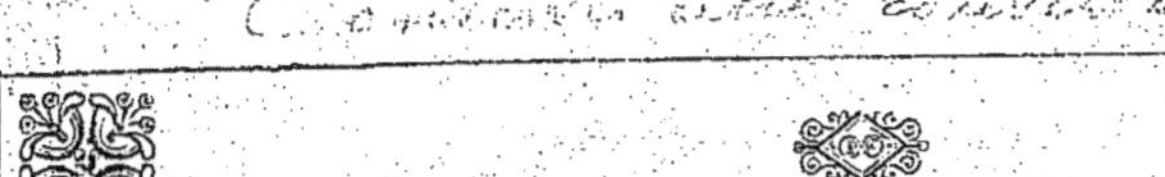

NOTE

SUR LA REPRISE

DES CHEMINS DE FER

PAR L'ÉTAT;

PAR LE CAPITAINE ROZET.

Prix : 25 centimes.

PARIS,

MATHIAS, LIBRAIRE,   CHAIX, IMPRIMEUR,
QUAI MALAQUAIS, 15.   RUE BERGÈRE, 8.

FIRMIN DIDOT FRÈRES, LIBRAIRES,
RUE JACOB, 56.

1848.

NOTE

SUR LA REPRISE

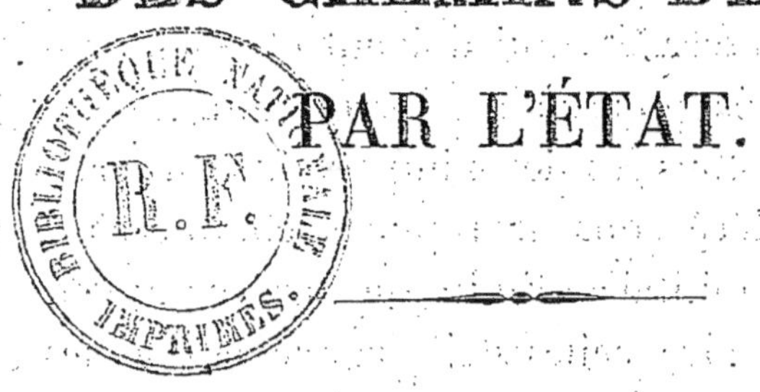

DES CHEMINS DE FER

PAR L'ÉTAT.

Une des plus grandes fautes commises par le Gouvernement que la vaillance du peuple français vient de renverser, est certainement d'avoir abandonné les chemins de fer à des compagnies : il avait ainsi élevé à côté de lui une puissance qui n'aurait pas tardé à diminuer beaucoup la sienne, et qui commence déjà à opprimer la nation par le monopole des transports qu'elle exerce, et qu'il est impossible de lui disputer, sur toutes les directions dont elle s'est emparée. Il s'était privé lui-même d'un immense moyen d'influence sur le pays ; et il avait ôté à la France entière les principaux avantages qu'elle doit retirer de l'établissement de ces voies si rapides de communication. Dans cet écrit, je me propose d'exposer succinctement les idées que m'ont fait naître de longues réflexions sur la nécessité de l'établissement des chemins de fer dans toute la France ; et leur mode d'exploitation pour que le peuple en retire tous les avantages qu'ils sont appelés à lui donner ; les moyens que le Gouvernement peut employer pour se procurer immédiatement les fonds nécessaires à la construction des principales lignes ferrées, qui doivent être les premières exécutées pour établir des communications rapides entre tous les lieux importants du territoire, considéré sous le rapport commercial, industriel et militaire. Enfin, je dirai comment il peut reprendre celles déjà concédées à des compagnies.

Devait-on établir des chemins de fer en France ?

La réponse à cette question est faite par nos voisins même les moins puissants, qui en ont établi chez eux avec une rapidité qui devrait faire honte à l'activité française, si elle n'avait été comprimée par quelques hommes cupides, placés à la tête du Gouvernement et des principales branches de l'administration.

Mais, disent beaucoup de personnes, les chemins de fer sont nuisibles, parce qu'ils détruisent le roulage dans les contrées qu'ils traversent, la marine des rivières qu'ils côtoient, qu'ils ruinent les rouliers et les aubergistes, et mettent sur le pavé un grand nombre de conducteurs et d'employés des voitures publiques.

Si notre agriculture était parvenue au point de perfection où elle peut arriver, il y aurait, peut-être, un inconvénient à ce que le roulage n'employât plus autant de bras et de chevaux ; mais il n'en est malheureusement pas ainsi : dans la plus grande partie de la France, le sol, la base de notre existence et de notre richesse, est fort mal cultivé. Les bras et les bestiaux manquent ; et quand l'exploitation rurale s'enrichirait de tous ceux que les chemins de fer laisseront sans emploi, elle n'en aurait pas encore assez.

L'exploitation des chemins de fer exigeant un bien plus grand nombre d'employés et de conducteurs de voitures que celle des diligences, les employés et conducteurs de celles-ci sont assurés d'y trouver de l'emploi.

Reste donc la navigation des rivières. Ici je pourrais encore répondre que les bras sortis de cette industrie retourneront à l'agriculture, ou trouveront de l'emploi dans les chemins de fer. Mais il y a plus : cette navigation ne sera jamais entièrement détruite ; jamais les chemins de fer ne pourront lutter avec elle, surtout à la descente, pour le transport des marchandises qui ne demandent pas à arriver très-rapidement, et la grande masse est dans ce cas.

Quant aux hôteliers et aux aubergistes, une partie seulement aura beaucoup à souffrir ;

mais elle ne sera pas obligée de fermer la maison, surtout dans les villes où il y a toujours des voyageurs et des personnes qui fréquentent ces établissements; dans les campagnes, ils deviendront des cultivateurs; et, dans tous les cas, la diminution du nombre des hôtels et des auberges ne peut être qu'avantageuse au pays, à la santé des citoyens et à la morale publique.

On ne peut donc point apporter d'objections sérieuses contre l'établissement des chemins de fer. Maintenant nous allons montrer les principaux avantages que le peuple français doit retirer de cet établissement.

Il n'est personne, je pense, qui puisse contester qu'une grande société, comme la nôtre, ait tout à gagner par la facilité et la rapidité des communications. Si je trouvais un contradicteur, je lui demanderais, s'il a parcouru la France, s'il n'a pas été frappé et même douloureusement impressionné des différences qui existent entre les diverses contrées; s'il n'a pas reconnu que dans celles pourvues de routes et de bons chemins, qui leur permettent de communiquer facilement avec les grands centres de population, la condition de l'homme est plus élevée et meilleure, sous tous les rapports, que dans celles qui en sont privées, et même dans lesquelles les voies de communication ne sont pas encore bien établies. Voyez dans quel état de dé-

gradation se trouvent encore actuellement les
habitants de la Basse-Bretagne, chez lesquels on
ne fait que commencer à établir des routes et
des chemins praticables. Il y a quinze ans seulement que la condition de ceux de la Vendée
était peu différente ; mais, depuis l'établissement
des routes stratégiques, parfaitement exécutées
et parfaitement entretenues, qui coupent la
contrée dans tous les sens, ils se sont élevés à
la hauteur de ceux des parties les plus avancées
de la France : les améliorations faites depuis ont
triplé les produits de l'agriculture et de l'industrie, comparativement à l'époque où le pitoya-
ble état des chemins forçait à les consommer
presque entièrement dans le pays.

Dans les montagnes du Morvan, de l'Auver-
gne, des Cévennes, de la Provence, etc., privées de bonnes voies de communication, la ci-
vilisation est encore très-arriérée, et les habitants
manquent des choses devenues pour nous indis-
pensables. Tandis que ceux des grandes vallées
de ces montagnes, que de belles routes mettent
en communication fréquente avec les villes, vi-
vent dans une aisance presque égale à celle de
la population aisée de ces mêmes villes.

L'homme fermé chez lui, sans communiquer
avec ses voisins, soit qu'il habite une grande
ville, un village, où une maison isolée, devient
un égoïste, d'abord pour la société, ensuite pour
lui-même ; il finit par mourir misérablement et

dégradé. Celui que la nécessité force à rester dans un pays privé de communications est presque aussi malheureux : point de vie intellectuelle, point d'émulation, point de désir de travailler pour rendre des services à la société. S'il est obligé de travailler pour vivre, il ne fait rigoureusement que ce qu'il faut pour soutenir sa triste existence. S'il est riche, il entasse ses économies, et refuse aux travailleurs la plus grande partie de ce qu'il devrait leur faire gagner. Ainsi donc, les communications fréquentes sont le meilleur moyen qu'aient les hommes pour développer en eux les hautes facultés que la nature leur a données, et qui placent le genre humain à la tête de la création.

Les diverses parties de la France étant amenées à communiquer facilement et rapidement entre elles par les chemins de fer, échangeront continuellement les produits de leur sol, de leur industrie, et, surtout, leurs idées. Les écrits, les progrès de la pensée, se répandront partout avec rapidité ; les hommes éminents dans toutes les parties, pourront être vus et entendus par un grand nombre de citoyens de toutes les contrées du pays, qui iront ensuite rendre, à la population sédentaire, les impressions qu'ils auront reçues et l'instruction qu'ils auront acquise.

L'Allemagne, la Prusse, la Belgique, sont déjà traversées par des réseaux de chemins de fer ; l'Italie, le Piémont, et même l'Espagne, en construisent; raccordons donc nos principales lignes avec celles de nos voisins, et, supprimant les douanes, les distances entre les peuples disparaîtront, et ceux de l'Europe ne formeront bientôt plus qu'une même famille, moins différente dans ses éléments, que ne le sont maintenant les diverses parties de la France. De la facilité et de la célérité des communications entre tous les peuples de l'Europe, résulteront des sympathies, des liaisons intimes, des intérêts communs, qui rendront toute guerre désormais impossible ; et les lumières se propageant de plus en plus chez tous, les institutions se mettront en harmonie, ce qui forcera les souverains absolus à émanciper les peuples qu'ils oppriment, et c'est ainsi que s'établira cette grande famille, composée de toutes les nations européennes.

Tels sont les avantages que chaque peuple a le droit de demander à l'établissement des chemins de fer, et qui en sortiront certainement, si cette grande entreprise est conduite avec les principes libéraux qui doivent présider, maintenant, à l'exécution des grandes conceptions de l'esprit humain. La France peut donc retirer de grands avantages de la construction des chemins de fer, et la République a le plus grand intérêt à pousser cette construction avec toute l'activité possible.

Les principales lignes de chemins de fer doivent être exécutées par la République et lui appartenir.

Un peuple libre ne doit pas souffrir qu'une partie quelconque de la société puisse opprimer la masse, de quelque manière que ce soit. Or, je demande si les avantages concédés aux compagnies des chemins de fer n'ont pas déjà conduit à une véritable oppression de la masse, d'abord par le monopole que ces compagnies exercent dans le transport des voyageurs et des marchandises; par les prix trop élevés de ce transport, contre lequel il ne peut s'établir aucune concurrence ; par la manière dont sont traités par elles les voyageurs qui ne peuvent payer que les troisièmes places (1); enfin, par les entraves qu'elles ont déjà mises ou qu'elles peuvent mettre aux services du Gouvernement.

Cette facilité d'oppression, concédée aux compagnies, en fait autant de petites puissances disséminées dans le pays, et dont l'action peut entraver souvent, et même quelquefois paralyser celle du Gouvernement, et par conséquent causer grand tort au peuple, dont le bien-être et la gloire doivent être le but de tous les actes de ceux auxquels il accorde sa confiance.

(1) Sur plusieurs lignes, les wagons des troisièmes sont découverts, et les voyageurs y sont entassés les uns sur les autres, tandis que les wagons qui servent au transport des bestiaux sont couverts, et que l'on n'en met que ce qu'il faut pour qu'ils ne se fassent pas de mal.

Ainsi donc, le Gouvernement ne saurait céder aucune partie de son action sur les grandes lignes de chemins de fer, sans causer un immense tort à la nation tout entière, et sans créer à lui-même des embarras dont il ne pourrait prévoir toutes les suites. Ces lignes doivent appartenir au Gouvernement, c'est-à-dire, à la nation.

Mais, dira-t-on, pour être possesseur des chemins de fer, il faut que le Gouvernement les fasse exécuter lui-même et à ses frais, et l'état de nos finances est loin d'être assez prospère pour que l'on puisse seulement songer à une pareille dépense. Ensuite, pour conserver toute son influence sur eux, il faudra qu'il les exploite lui-même, ce qui est impossible à cause des embarras attachés à une exploitation aussi vaste, et des immenses abus qui s'établiraient dans chaque administration de ligne. Je réponds à ces deux objections capitales.

Construction des chemins de fer par l'État.

Le nombre, l'instruction et l'activité des ingénieurs français, que l'École polytechnique permet encore d'augmenter s'il est besoin, assure à l'État tous les moyens intellectuels pour l'établissement des chemins de fer. Quant aux ouvriers, l'expérience a prouvé qu'on en avait assez, et, dans l'état actuel des choses, il est certain que l'on n'en manquera pas. Reste donc maintenant la question d'argent, qui, dans toutes les entreprises, est la plus difficile, et qui les rend souvent impossibles.

Ce qui vient de se passer sous nos yeux donne
naturellement la solution de cette question. La
quantité de capitaux réunis par les diverses compagnies de chemins de fer, dont la responsabilité était loin d'être bien établie, montre que la
France possède beaucoup d'argent, et que les possesseurs n'en ont pas toujours un emploi avantageux. En donnant des garanties suffisantes et
faisant un appel à la nation, le Gouvernement
trouvera plus d'argent qu'il ne lui en faut pour
la construction des lignes de chemins de fer,
que les besoins et la prospérité de la France
exigent que l'on établisse d'abord.

Pour se procurer les fonds nécessaires à cette
grande entreprise, il suffit au Gouvernement de
notre République de créer des actions, uniquement pour l'établissement des chemins de fer, portant un intérêt annuel de 3 pour cent, avec une
participation dans les bénéfices généraux. Sur ces
bénéfices, il sera annuellement prélevé une somme
destinée au remboursement du capital, en sorte
qu'au bout d'un certain nombre d'années, les
actionnaires se trouveraient entièrement remboursés, et ils conserveraient leurs intérêts dans
les bénéfices. Pour la régularité de l'opération,
et la tranquillité des actionnaires, le bilan de
l'administration des chemins de fer serait publié

par le Gouvernement, chaque année, ou même deux fois par an.

Il n'est pas douteux qu'avec de telles conditions le Gouvernement républicain, dont l'existence seule nous répond que nous ne verrons pas se renouveler chez lui les abus de celui des rois, se procurerait plus de fonds qu'il n'en faut pour la construction des chemins de fer. Afin d'éviter l'accumulation inutile de capitaux, les actionnaires ne verseraient que par dixièmes au fur et à mesure de l'avancement des travaux, et sur la demande du Gouvernement. La souscription des actions se ferait pour Paris au Trésor royal, et, dans les départements, chez les receveurs des finances, qui ne délivreraient les titres aux souscripteurs que sur le versement du nombre de dixièmes fixés; et l'on empêcherait ainsi ce scandaleux agiotage qui a eu lieu pour l'émission des actions des compagnies, et, par suite, la ruine des familles. S'il arrivait qu'un souscripteur ne pût pas verser le montant des actions qu'il aurait prises, on devrait lui réduire le nombre de ces actions au prorata de la somme qu'il aurait payée.

Quel mode emploiera le Gouvernement pour l'exploitation des chemins de fer?

Il faudra établir, au Ministère des travaux publics, une administration des chemins de fer, de laquelle dépendra tout ce qui a rapport à ces voies de communication, l'achèvement complet, l'exploitation et l'entretien.

Six mois avant qu'une ligne soit en état d'être mise en exploitation, quand le personnel rigoureusement nécessaire pour cela aura été fixé et nommé par le ministre des travaux publics, on fera savoir à l'industrie, par la publication, que l'administration recevra les soumissions de tous ceux qui voudront établir des services sur la ligne. Comme il se présentera, probablement, plus d'entrepreneurs de transports que la sécurité et la célérité permettront d'en établir, on pourra mettre aux enchères la rétribution à payer pour un nombre déterminé de voitures destinées aux transports des voyageurs ou des marchandises, ou de l'un et de l'autre, entre le point de départ et les divers points d'arrivée. La rétribution annuelle fixée de cette manière devra être payée par trimestre d'avance, pour éviter les pertes que l'administration pourrait éprouver par la chute des entreprises particulières.

Les voitures de transport devront être construites aux frais des exploitants et leur appartenir. Quant aux locomotives, desquelles dépendent la sécurité et la célérité des transports, elles devront appartenir au Gouvernement et être conduites par des employés de l'administration, qui seront soumis à une inspection continuelle et à un règlement extrêmement sévère, et reconnus

pour leur tempérance et la régularité de leur
conduite dans la société. Ce dernier point est
très-important pour la sécurité des voyageurs.
J'allais oublier de dire, parce que c'est tout na-
turel, que la même condition est applicable à
tous les employés d'une ligne de chemin de
fer, qui devront avoir tous les égards possibles
pour les voyageurs, et dont on devra punir sé-
vèrement tous ceux qui en manqueraient, comme
cela arrive très-fréquemment aujourd'hui sur
les lignes déjà en activité.

Les choses étant ainsi organisées, on voit que
les transports par les chemins de fer admet-
traient la concurrence, comme ceux pour les
routes, ce qui amènerait les prix au taux où
ils doivent être, pour que les entrepreneurs puis-
sent faire d'honnêtes bénéfices, et que la classe
pauvre de la société puisse jouir de tous les
avantages qu'elle a le droit d'exiger de l'établissement de ces merveilleuses voies de communication.

Je pourrais pousser plus loin le développe-
ment des avantages du projet que je propose;
mais qui ne les comprend? qui ne voit que le
Gouvernement acquerrait par là une force immense par son action simultanée sur tous les
points de la France à la fois et, surtout, sur l'en-
semble de nos frontières; par la grande quantité
de places et d'emplois avec lesquels il récom-
penserait les serviteurs de la patrie, les soldats

de la milice nationale, dont j'appelle la formation de tous mes vœux ? Par l'abaissement des prix et la sécurité dans les transports, qui conduiraient nécessairement aux progrès et sans effort aucun, dans l'éducation et dans l'amélioration sous tous les rapports du sort de la classe pauvre ; par le mélange continuel de tous les peuples européens avec le peuple français, on arriverait plutôt qu'on ne le pense à l'union indissoluble de tous les peuples entre eux, et par suite à l'anéantissement de leur oppression.

Le temps du peuple est venu ; il a été apporté par les barricades de Février. A celui qui dirait maintenant, comme naguère : Il faut faire quelque chose pour le peuple, la France entière répondrait : Il faut tout faire pour le peuple ! ! !

Ce que le Gouvernement doit faire relativement aux lignes de chemins de fer concédées à des compagnies.

Les concessions de chemins de fer faites à des compagnies, l'ont été en vertu de lois régulièrement votées par les chambres ; on ne peut donc pas revenir sur ces concessions : cela est juste et parfaitement juste. Aussi, ne demandons-nous pas que l'État dépossède les compagnies, même par une loi qui leur accorderait une indemnité convenable.

Mais comment sont composées ces compagnies ? De quelques personnes chargées de l'administration, et d'un grand nombre d'actionnaires, dont l'état actuel des entreprises a considérablement diminué les capitaux engagés. Plusieurs compagnies ont déjà abandonné les concessions qui leur avaient été faites ; plusieurs ne continuent qu'avec les secours que leur accorde le Gouvernement ; et la plupart tomberont bientôt, si le Gouvernement ne leur accorde pas de nouveaux secours, et cela arrivera presque à toutes avec le temps.

Je voudrais donc que le Gouvernement refusât d'abord toute espèce de secours aux compagnies de chemins de fer ; qu'il leur offrît à toutes de rembourser les dépenses utiles qu'elles ont faites, en actions de chemins de fer créées par lui. Aux prix où sont actuellement les actions de presque toutes ces compagnies, celles-ci, gagnant beaucoup à une pareille proposition, se hâteraient de l'accepter, et l'État reprendrait ainsi sans aucune violence les concessions qui leur ont été faites.

Quant aux compagnies dont les lignes actuellement en exploitation donnent des bénéfices, et il y en a peu, on devra certainement leur faire des propositions plus avantageuses ; on sera obligé de débattre avec elles l'indemnité à leur payer. Mais si elles refusent tout arrangement, rien n'empêche l'État de construire d'autres lignes parallèles à celles-ci, pour leur faire une concurrence qu'elles ne pourront pas soutenir.

Je crois devoir dire, en terminant, que je ne possède point d'actions de chemins de fer, et que c'est uniquement le désir d'être utile à la patrie qui m'a porté à publier cette note.

Paris, 5 *avril* 1848.

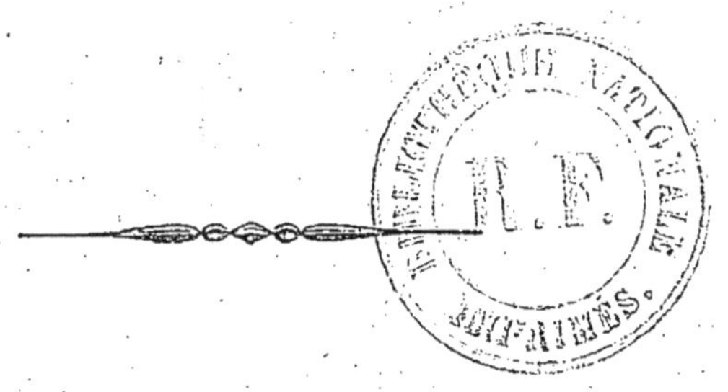

Paris. — Typographie de Firmin Didot frères, rue Jacob, 50.

www.ingramcontent.com/pod-product-compliance
Lightning Source LLC
LaVergne TN
LVHW021606170726
843501LV00010B/3875